Tristán

Las siet
del seño

Para Tristán
con cariño

PIZCA DE SAL

1.ª edición: marzo 2011
4.ª edición: enero 2014

Dirección de la colección: Olga Escobar

Juan Ignacio Luca de Tena, 15. 28027 Madrid
www.anayainfantilyjuvenil.com
www.anayapizcadesal.com
e-mail: anayainfantilyjuvenil@anaya.es

Diseño de cubierta:
Miguel Ángel Pacheco y Javier Serrano

ISBN: 978-84-667-9506-7
Depósito legal: M-3215-2012

Impreso en España - Printed in Spain

Las normas ortográficas seguidas son las establecidas por la Real Academia
Española en la *Ortografía de la lengua española* publicada en 2010.

Ana Alonso

Las siete caras del señor Grunt

Ilustraciones
de Antonia Santolaya

ANAYA

MAX, EL PINTOR MÁGICO

Max es un artista mágico. Pinta cuadros que cambian cada día, cobran vida, o sirven de puerta para entrar en un mundo fantástico... Sus clientes siempre le hacen encargos especiales. Y sus pinturas siempre resultan sorprendentes.

Lisa es la sobrina de Max. Vive con él desde que sus padres se fueron a África. Le gusta mucho vivir con su tío Max porque siempre le están ocurriendo aventuras. Y además, la casa de Max también es mágica: sus paredes y sus muebles cambian continuamente de color.

El capitán Cámara es el mejor amigo de Max. Es un aventurero. Viaja por todo el mundo haciendo fotografías que luego se publican en periódicos y revistas. Y siempre le trae regalos a Lisa.

El misterioso encargo del señor Grunt

Como cada miércoles, Max estaba revisando sus pinceles y sus tubos de pintura. En una libreta, apuntaba los colores que se le estaban terminando para ir a comprar tubos nuevos. Si algún pincel estaba muy viejo o le quedaban pocos pelos, también lo apuntaba. A su sobrina Lisa le gustaba ayudarle en esa tarea.

Ese miércoles, Max comprobó que se le había acabado la pintura de color verde esmeralda. Y le quedaba poca de color amarillo limón.

—Apunta, Lisa —le dijo—. Verde esmeralda, un tubo. Amarillo limón, dos tubos. Estoy pintando un paisaje muy alegre y necesito mucho amarillo para pintar el sol. ¿Lo has apuntado?

Lisa lo apuntó todo en la libreta. En ese momento oyeron el timbre. Max salió a abrir. Era el capitán.

—Tienes que venir conmigo enseguida, Max —dijo el capitán—. Te he encontrado un cliente.

—¿Y no puede esperar un poco? —preguntó Max—. Estamos haciendo la lista de la compra...

—Es mejor que vayamos cuanto antes —contestó el capitán—. El señor Grunt es muy especial, y se enfadará si no vamos a verle ahora mismo. Además, se lo prometí...

Max se puso una chaqueta verde y le pidió a Lisa que cogiese su cazadora.

—Lisa también viene —dijo—. Espero que al señor Grunt no le importe...

—No le importará —aseguró el capitán—. Lo único que quiere es que alguien le solucione su problema, y que lo haga cuanto antes.

Lisa, Max y el capitán bajaron en el ascensor hasta la planta baja. El capitán tenía su coche aparcado enfrente de la puerta. Era un descapotable muy antiguo, de color verde claro. El capitán ocupó el asiento del conductor y Max se sentó a su lado. Lisa se instaló en la silla especial para niños que había en el asiento de atrás.

El coche arrancó con un fuerte rugido y empezó a rodar por la calzada. Enseguida salieron a una carretera con árboles a los lados. Era una carretera por la que circulaban muy pocos coches, ya que no se dirigía a ninguna ciudad importante. Pasaba, eso sí, por muchos pueblos pequeños y encantadores, con casitas de tejados rojos y campanarios adornados con relojes.

—El señor Grunt... —dijo Max mientras el capitán se fijaba en la carretera—. Ese nombre me suena mucho. ¿No será Matías Grunt, el millonario del petróleo?

—Sí que lo es —contestó el capitán—. Tiene pozos de petróleo en Oriente y en el Mar del Norte. Y es fabulosamente rico... Su casa es tan grande que hay que coger un coche para ir desde la sala de estar a la cocina. Y su piscina es tan enorme, que en ella vive una ballena. Es su mascota. Otras personas tienen perros, o gatos, pero el señor Grunt tiene una ballena. La quiere mucho...

—¡Qué hombre tan raro! —dijo Lisa.

—¿Y qué es lo que quiere encargarme? —preguntó Max—. Estoy deseando saberlo.

—Bueno, creo que es mejor que te lo explique él mismo —contestó el capitán—. Mirad, ya estamos llegando. Hay que coger este camino que lleva directamente a su casa.

Era un camino polvoriento y muy estrecho, rodeado de campos de espigas y amapolas. A Lisa le pareció larguísimo. Pero, al final, apareció delante de ellos la enorme casa del señor Grunt.

Lisa abrió la boca y la volvió a cerrar sin decir palabra. Se había quedado muda de asombro. Nunca había visto una casa tan rara como aquella. Ocupaba tanto espacio como un barrio entero de una ciudad. Tenía cientos de ventanas, todas de formas y tamaños distintos.

También tenía un montón de torres: unas de piedra, otras de ladrillo y otras pintadas de blanco, rosa, verde o azul. No todas las torres eran igual de altas; las había de todos los tamaños. En lo alto de las torres crecían árboles y rosales trepadores. Parecía que la casa tuviese un gran jardín encima, como una especie de sombrero verde.

El hombre que salió a abrirles llevaba un chaleco de rayas negras y amarillas. Era muy serio y estirado, y se llamaba Serafín.

—El señor Grunt les está esperando en la Torre de las Mariposas —dijo—. Acompáñenme, por favor...

Serafín les señaló un cochecito que esperaba en medio del vestíbulo. Lisa, Max y el capitán se subieron al coche, y Serafín se puso al volante.

El cochecito eléctrico comenzó a rodar lentamente por los pasillos. Eran unos pasillos larguísimos, con puertas a los dos lados y alfombras de colores en el suelo. El sol los iluminaba a través de unas ventanas redondas que había en el techo. Max señaló las ventanas.

—Esas ventanas se llaman claraboyas —le explicó a Lisa—. ¿A que es un nombre bonito?

—Claraboya —repitió Lisa—. Sí que es una palabra bonita...

Por fin, después de recorrer un montón de pasillos, el coche se detuvo delante de la Torre de las Mariposas.

—Es aquí —dijo Serafín—. Pueden entrar sin llamar. Yo tengo que irme.

Max, Lisa y el capitán se bajaron del coche. Serafín volvió a poner en marcha el motor y se fue.

Max empujó la puerta que había señalado Serafín. Al otro lado, había una habitación con las paredes de cristal y llena de plantas. Entre las plantas revoloteaban mariposas de todos los colores. Algunas eran tan grandes como pájaros.

En medio de las plantas y las mariposas, había un hombre sentado en una mecedora. Era el señor Grunt. Tenía el pelo gris y una barba del mismo color. Llevaba puesta una chaqueta de cuadros y unos pantalones verdes.

—¡Por fin han llegado! —dijo—. Estaba impaciente...

El capitán hizo las presentaciones.

—Este es Max, el pintor del que le hablé, y esta es su sobrina Lisa.

—Encantado, encantado —dijo el señor Grunt sonriendo—. El capitán Cámara cuenta maravillas de usted... Nos conocimos en el desierto de Sono-

ra. Él estaba fotografiando lagartos, y yo estaba recogiendo arena para mi desierto. Me estoy construyendo un desierto, ¿saben? Allá, al otro lado del jardín.

Todos le escuchaban, admirados.

—He traído arena de los mejores desiertos del mundo —continuó—; y también cactus y piedrecitas... Cuando por fin esté terminado, podré ir a mi desierto todas las tardes a tomar el té. Tomar el té en el desierto es muy agradable. No se ve más que el cielo y la arena. El té y las pastas saben mejor. Me llevaré una alfombra oriental para sentarme y mis tazas de porcelana china... Será estupendo.

Mientras el señor Grunt hablaba, las mariposas revoloteaban alrededor de su cabeza. Una mariposa roja con puntos morados y amarillos se posó en la mano de Lisa. Era gigantesca. Pero enseguida se fue otra vez volando.

—¿Le ha explicado el capitán Cámara para qué le he hecho venir? —preguntó de pronto el señor Grunt.

—Le he dicho a Max que mejor se lo explicaba usted mismo—dijo el capitán—. Es un poco complicado.

—Sí —admitió el señor Grunt—. Es un poco complicado... Pero también es muy sencillo. Verá: quiero que pinte usted mis retratos.

Max se rascó la cabeza.

—¿Sus retratos? ¿Quiere que pinte varios retratos suyos? —preguntó, intrigado—. La gente, normalmente, encarga un solo retrato, o como mucho dos.

—Pues yo quiero muchos —dijo el señor Grunt—. Tantos como sean necesarios.

—¿Necesarios? —repitió Max, sin comprender—. ¿Necesarios para qué?

—Pues... ¡Para solucionar mi problema! —contestó el señor Grunt.

Max seguía sin entender nada.

—Quiero retratos míos para poder hablar con ellos. Últimamente, me aburro mucho yo solo. Siempre me digo las mismas cosas. Antes no era así: siempre se me ocurrían ideas divertidas. Pero ahora he cambiado. No sé si me entiende...

—Le entiendo, señor Grunt —dijo Max—. Pero no veo cómo puedo ayudarle.

—Usted pinta retratos mágicos —dijo el señor Grunt—. Retratos que hablan... Lo que yo quiero es que pinte usted muchos retratos míos para que yo pueda hablar con ellos. Quizás en ellos encuentre esa parte de mí que ha desaparecido. Los artistas, cuando pintan a alguien, reflejan sus secretos y hasta su vida pasada. Reflejan cosas que la gente normal no puede ver... Por eso creo que usted puede solucionar mi problema. Qué le parece, ¿podrá hacerlo?

Max se quedó pensativo un momento.

—Será difícil, pero creo que puedo conseguirlo —dijo por fin.

Al oír aquello, el señor Grunt se puso muy contento.

—¡Magnífico! ¡Magnífico! Estaba seguro de que no me fallaría —dijo aplaudiendo.

Las mariposas, asustadas por el ruido, salieron volando en todas direcciones.

—Pero, señor Grunt, debo advertirle que va a resultar bastante difícil —dijo Max muy serio—. Y tendrá usted que colaborar conmigo. Para pintarle a usted tal y como es por dentro, tendrá que

contarme muchas cosas acerca de su vida. Solo si llego a conocerle bien podré hacer lo que usted me pide.

—Lo entiendo, lo entiendo —contestó el señor Grunt—. Y estoy dispuesto a colaborar, créame... ¿Por dónde quiere que empiece?

—Bueno, quizá podría enseñarme fotos de cuando era niño, y de su juventud... Eso me ayudará a conocerle mejor.

El señor Grunt les hizo subir a un cochecito rojo que tenía aparcado entre las plantas y les llevó por los pasillos de su enorme casa hasta una habitación con las paredes de madera. Allí había colgadas muchas fotos.

Eran fotos de todas las épocas de la vida del señor Grunt. En una, se le podía ver de muy pequeño, sonriendo a la cámara con un patito de goma en la mano. En otra, estaba jugando con un tren eléctrico, y en otra, participaba en una carrera de sacos con algunos de sus compañeros de colegio.

Había fotos en las que el pequeño Matías estaba riéndose a carcajadas, y en otras, se le veía llorando. Estaba claro que podía pasar de la tristeza a la alegría con mucha facilidad.

En sus fotos de juventud, Grunt aparecía haciendo muchas cosas, y divirtiéndose de mil maneras distintas: esquiando en la nieve, montando a lomos de un camello, navegando en un velero, sonriendo con traje y corbata, en su primer día de trabajo...

También tenía fotos junto a sus torres de petróleo. En esas fotos iba casi siempre vestido con un mono azul.

Tenía fotos con su madre, con su padre, con sus hermanas y con sus amigos. Fotos con su primera novia y con su segunda novia, fotos con su primera mujer y con su segunda mujer, fotos con su primer hijo y con su segundo hijo.

—¿Dónde están sus hijos ahora? —preguntó de repente Max.

—Están en América, estudiando para no sé qué. Hace bastante tiempo que no los veo... Mis hijos casi nunca me llaman por teléfono. Ni siquiera por mi cumpleaños. Pero no son malos chicos. Lo que pasa es que yo no les hice demasiado caso cuando eran pequeños, y ahora son ellos los que no me hacen ningún caso a mí. ¡Supongo que es normal!

El señor Grunt siguió hablándoles de su vida durante toda la tarde.

Max y Lisa se enteraron de un montón de cosas sobre él: su plato favorito eran los caracoles; su color preferido, el verde; la ciudad del mundo que más le gustaba, Venecia... Max lo iba apuntando todo en su libreta.

Luego, el señor Grunt los llevó a dar una vuelta por su enorme casa. Visitaron una habitación de cristal, otra de porcelana blanca y otra revestida de oro puro. Había cuartos con todos los muebles rojos; otros, con todos los muebles verdes; otros, con todos los muebles azules, o amarillos... Había dormitorios muy modernos con sillones que parecían sacados de una película del espacio, y otras habitaciones muy antiguas, con grandes espejos de marco dorado y cortinas alrededor de la cama.

Al final, el señor Grunt les llevó a ver su jardín y la piscina donde vivía su mascota, la ballena. Se trataba de una orca.

—Queridos amigos, esta es Betty, mi fiel compañera —dijo el señor Grunt, haciendo las presentaciones.

La orca saltó del agua y saludó con las aletas antes de volver a hundirse.

—¡Qué lista! —dijo Lisa—. Parece muy simpática.

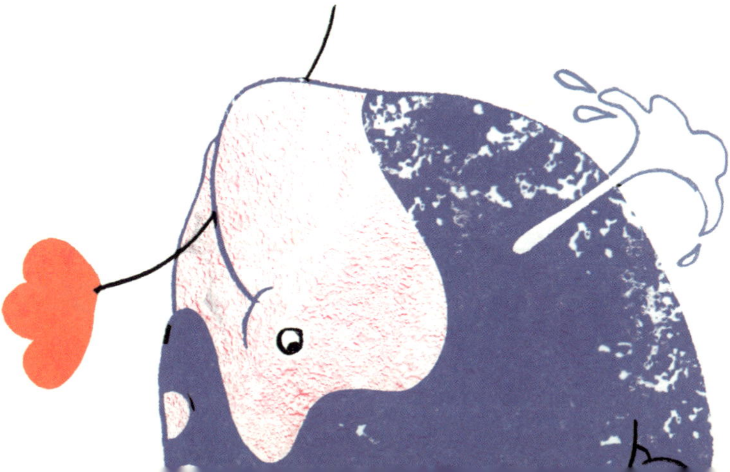

—Lo es, aunque también, a veces, tiene muy mal genio.

El señor Grunt ordenó que les trajeran unas *pizzas* para cenar junto a la piscina.

Betty, la ballena, también cenó su ración de pescado. Fue una tarde muy agradable.

—Bueno, y ahora que ya lo sabe prácticamente todo sobre mí, señor Max, ¿cuándo cree que podría empezar a trabajar? —preguntó el señor Grunt.

—Estoy preparado para empezar —contestó Max.

—¡Estupendo! Las habitaciones para usted y el capitán, y para Lisa ya están listas. Y también hemos preparado un taller con todo lo necesario para pintar.

Después de la cena, Serafín los llevó en su cochecito hasta las habitaciones de los invitados. Eran muy grandes y estaban adornadas con jarrones llenos de flores y con alegres cuadros. En la habitación de Lisa había montones de juguetes.

El taller de pintura también era perfecto. Tenía el techo de cristal para que entrase la luz del sol, y varias cajas llenas de tubos de pintura nuevecitos.

—Es un encargo muy difícil, Max —dijo el capitán antes de irse a su cuarto—. ¿Estás seguro de que puedes hacerlo?

—Creo que sí —contestó Max—. Pero quizás al señor Grunt no le guste el resultado.

—¿Por qué dices eso? —preguntó Lisa.

Max parecía preocupado.

—Bueno, en los retratos artísticos a veces salen cosas de una persona que ella no esperaba. El retrato de una persona alegre, puede mostrar su lado triste; el de una persona valiente, puede mostrar su lado cobarde... ¿Me entiendes?

Lisa hizo un gesto negativo con la cabeza. No entendía cómo un retrato podía mostrar tantas cosas distintas.

—Bueno, cuando veas mis pinturas del señor Grunt, creo que lo entenderás.

El señor Normal

Al día siguiente, Max pintó su primer retrato del señor Grunt.

Este aparecía sentado en una silla con una pipa en la mano. Era un retrato realista. Se parecía a una fotografía, aunque los colores eran un poco distintos de los reales: el fondo era claro, y la cara y las manos tenían una luz especial, como dorada.

Los ojos del señor Grunt estaban muy bien hechos, parecía que podía atravesarte con la mirada.

—A este retrato lo llamaremos el señor Normal —dijo Max—. ¿Qué te parece, Lisa?

—Es como una fotografía, pero diferente. Aunque no sé por qué es diferente...

—Bueno —explicó Max—, las fotos captan un instante concreto de la vida de una persona. En una fotografía, el señor Grunt puede aparecer con la cara triste o alegre, con un gesto bondadoso o enfadado, según su estado de ánimo en ese momento. Pero un buen retrato tiene que captar algo más... Algo que distinga a esa persona del resto.

—Creo que ya lo entiendo —dijo Lisa—. ¿Y una fotografía no sirve para eso?

—Para eso no —intervino el capitán—. Pero algunas fotografías también son obras de arte. Aunque capten solo un instante de la vida de una persona, si está bien elegido, mostrará muchas cosas que no vemos a simple vista.

—¿Para eso sirve el arte? ¿Para mostrar cosas que no se ven a simple vista?

—Más o menos —contestó Max—. O para hacer que nos fijemos en cosas que sí se ven, pero que, normalmente, no nos llaman la atención...

—Nos sirve para ver el mundo de una manera diferente —concluyó el capitán.

Y Max añadió, sonriendo:

—Cuando veas mi próximo retrato del señor Grunt, lo entenderás mejor.

El señor Manchas

Max tardó dos días en pintar el siguiente retrato. Cuando Lisa lo vio, se quedó muy sorprendida.

En la pintura aparecía el señor Grunt en un jardín, con manchas de sombra y sol por todas partes. Las manchas se fundían con su cara, como si el propio señor Grunt formase parte del paisaje. Parecía que los colores de las flores y las hojas del jardín inundasen de verdor todo el retrato. Era como ver al señor Grunt a pleno sol, y como si ese sol lo desdibujase confundiendo sus contornos con las formas de los árboles y del cielo.

—Lo llamaremos el señor Manchas —dijo Max—. Creo que es un buen nombre para él. Este es un retrato impresionista —explicó—. ¿Te gusta?

—Me gustan sus colores —dijo Lisa—. Pero, ¿crees que al señor Grunt le gustará hablar con él?

Max se quedó pensando un momento.

—Bueno, el señor Manchas es más despreocupado que el verdadero señor Grunt —contestó al fin—. Se parece un poco a las hojas y a las flores del jardín; cambia de humor según las horas del día y las estaciones, pero no se da demasiada importancia a sí mismo. Siempre está atento a lo que ocurre a su alrededor, y lo refleja. Pienso que al señor Grunt le vendrá muy bien charlar con él.

El señor Sueño

El siguiente retrato que pintó Max todavía era más raro. El señor Grunt aparecía de perfil, con una pipa en la boca. Estaba sentado en una mecedora que flotaba en un cielo verdoso. A su alrededor, había libros abiertos que volaban como pájaros. También había un martillo, varios teléfonos móviles, y unas pequeñas flores de cristal. A los pies del señor Grunt un leopardo flotaba en el cielo verde.

—Os presento al señor Sueño —dijo Max—. ¿A que parece salido de un sueño?

—¿Qué significa todo eso que has pintado a su alrededor? —preguntó el capitán.

—Es una representación del lado secreto del señor Grunt —contestó Max—; de las cosas que le importan, aunque él mismo no lo sepa...

—¿Y eso se puede representar en un cuadro? —preguntó Lisa en tono de duda.

—Se puede intentar. Los cuadros que pretenden mostrar el lado secreto de la realidad se llaman surrealistas —añadió Max—. ¿Veis? Estos libros, por ejemplo, representan los deseos del señor Grunt de escaparse y de llevar una vida distinta; y los teléfonos móviles, todas las cosas que lo atan. Es un poco difícil de explicar... Hay que sentirlo.

—Ya entiendo —dijo el capitán—. Tú miras el cuadro y ves al señor Grunt, pero de otra manera. Como si de repente descubrieses un montón de cosas nuevas sobre él, ¿a que es eso?

Max asintió.

—Esperemos que el señor Grunt no se asuste cuando tenga que hablar con el señor Sueño —dijo sonriendo—. A la gente a veces le da miedo enfrentarse a su lado oculto.

El señor Recortes

Al día siguiente, Max pintó un retrato que parecía un puzle mal colocado. En él se veían los ojos del señor Grunt por un lado, la nariz por otro y la boca por otro. Y, en el medio, había recortes de periódicos, una botella, una vela encendida, letras de distintos tamaños y trozos del traje del señor Grunt colocados aquí y allá.

—Este es el señor Recortes —dijo Max—. Tiene un aire interesante, ¿no?

—¿Te has vuelto loco, Max? —preguntó el capitán al ver aquello—. Esto no es un retrato, ¡es un disparate!

—No es ningún disparate —se defendió Max—. Es un retrato cubista. El señor Grunt está ahí, en la pintura, aunque lo veamos de un modo diferente.

—¡Y tan diferente! —resopló el capitán—. Está hecho pedazos, está roto...

—Bueno, sí. Está roto —admitió Max—. Sus ojos están por un lado, su boca por otro... Pero estoy seguro de que al señor Grunt le interesará verse así. Podrá conversar por un lado con sus ojos, por otro con su boca... y cada parte le contará cosas diferentes.

—¿Y la botella? ¿Y los periódicos? ¿Y la vela? —preguntó el capitán con desconfianza.

—Bueno, son como trocitos de la vida del señor Grunt. A veces viene bien acordarse de las cosas a trocitos; se ven de una forma distinta. Yo creo que todo el mundo tendría que tener un retrato cubista de sí mismo en su habitación. Y por la mañana, en lugar de mirarse en el espejo, debería mirarse en ese cuadro, y recordar así que las cosas pueden verse de muchas maneras.

—¿Cuándo piensas enseñarle los retratos al señor Grunt? —preguntó Lisa, a la que este retrato le parecía muy divertido.

—Todavía quiero pintar tres más —contestó Max—. Después organizaremos una gran fiesta y vendrá el momento mágico. Los retratos cobrarán vida... ¡A ver qué opina el señor Grunt después de hablar con ellos!

El señor Fiera

Max se pasó los dos días siguientes pintando un nuevo retrato del señor Grunt. Gastó dos tubos enteros de color azul y uno de verde. También gastó un tubo rojo y otro amarillo.

El cuadro quedó muy bonito. Tenía unos colores muy vivos, que no se parecían en nada a los de la realidad.

—He decidido llamarle el señor Fiera —dijo Max—. Este estilo de pintura se llama *fauve,* una palabra francesa que significa «fiera». Es porque los colores son muy fuertes, y un poco salvajes...

—¿Por qué tiene la cara azul y verde? —preguntó el capitán—. El señor Grunt no la tiene así.

—¿Y por qué tiene manchas rojas en el pelo y en las manos? —añadió Lisa—. Yo no le he visto esas manchas...

Max suspiró.

—Ya os he dicho que es un retrato fauvista. Los colores tienen más fuerza que en la realidad. El pintor elige los colores según la personalidad de su modelo. Por ejemplo, si quiere destacar su parte más amable y alegre, pondrá mucho amarillo; si le interesa que se vea más su lado pensativo y solitario, pondrá mucho azul... No es una regla general, claro. Cada pintor lo hace un poco a su manera.

—De todas formas, este señor Grunt azul y verde me gusta mucho —dijo Lisa—. Me gusta más que los otros. Creo que no me importaría hablar con él...

—Pues me alegro de que así sea, porque muy pronto podrás hacerlo.

El señor Exagerado

El siguiente cuadro que pintó Max no se parecía en nada al anterior. Sus colores eran apagados, y la cara del señor Grunt se veía como deformada. Todos sus rasgos estaban allí, pero muy exagerados. Las arrugas del retrato eran mucho más marcadas que las del señor Grunt en persona; sus ojos, más penetrantes; su nariz, mucho más grande; y su boca, más seria...

El hombre del retrato era mucho más feo que el señor Grunt en persona. Y también mucho más misterioso. Pero, aun así, se parecía a él.

—Lo llamaremos el señor Exagerado —dijo Max—. Es el nombre que mejor le pega.

—¿Por qué lo has pintado tan feo? —preguntó Lisa.

—Al señor Grunt no le va a gustar nada —añadió el capitán—. Se ven demasiado sus defectos.

—¡No solo sus defectos! —le corrigió Max—. También sus virtudes. Por ejemplo, la mirada inteligente de sus ojos, que aquí son más grandes que en la realidad. Y su expresión medio burlona, medio triste o asombrada... Eso era lo que más me interesaba representar. Este es un retrato expresionista —aclaró—. En él, importa más la expresión de la cara y lo que significa que el parecido del cuadro con la realidad.

—¡Pues es bastante desagradable! —gruñó el capitán.

—Eso es porque todavía no te has acostumbrado al cuadro —dijo Max—. Cuando lo hayas mirado más despacio, no te parecerá tan feo. Es distinto del verdadero señor Grunt, pero también refleja una parte de su personalidad.

El señor Música

Por fin, Max pintó el último retrato del señor Grunt. Cuando Lisa y el capitán lo vieron, abrieron la boca asombrados, y luego la volvieron a cerrar sin decir nada. Los dos se miraron con cara de sorpresa. Luego miraron a Max.

—Esta vez te has pasado, amigo —dijo el capitán, enfadado—. ¿De verdad quieres hacernos creer que eso de ahí es un retrato? ¡Pero si no tiene ni boca, ni nariz, ni ojos, ni nada! ¡Yo solo veo manchas de colores!

—Es que es un cuadro abstracto. No representa la realidad...

—¡Entonces, no es un retrato! —dijo Lisa, que estaba de acuerdo con el capitán.

—Bueno, no representa directamente al señor Grunt, sino mis sentimientos hacia él —explicó Max con paciencia—. A veces, con la pintura ocu-

rre como con la música. ¿Nunca os ha pasado que una canción os recuerda a alguien? Y no es que la canción hable de esa persona... Es que la canción y esa persona os hacen sentir lo mismo.

Lisa y el capitán volvieron a mirar el cuadro con más detenimiento.

—¿Quieres decir que, cuando piensas en el señor Grunt, sientes algo parecido a lo que sientes cuando ves juntos un círculo rojo y unas manchas verdes, amarillas y azules como las de tu cuadro?

—Sé que es un poco difícil de entender —admitió Max—. Pero los cuadros no siempre tienen que representar algo. Los colores y las formas que aparecen en ellos pueden ser, simplemente, una manera de expresar nuestros sentimientos. Así que, para mí, ese círculo rojo y esas manchas de color son también el señor Grunt.

—¡Ya, pero no creo que el señor Grunt quiera hablar con un círculo rojo! —dijo el capitán, enfurruñado—. ¡Hablar con un círculo!

—Oye, Max, ¿y qué nombre piensas ponerle a este señor Grunt? —dijo Lisa.

Max se quedó pensando un momento.

—Ya sé —dijo al final—. Lo llamaremos el señor Música. ¿Qué os parece?

Era un nombre un poco raro, pero no sonaba mal. Lisa y el capitán dijeron que les gustaba.

—Bueno —dijo Max—. Ahora viene la parte más difícil de todo esto. Los retratos están pintados sobre unas telas mágicas. Cuando la brisa del jardín sople sobre ellos, cobrarán vida. Entonces el señor Grunt podrá charlar con los otros señores Grunt; los de mis cuadros... Le he pedido a nuestro anfitrión que organice una fiesta en el jardín esta misma tarde. Habrá refrescos, dulces y patatas fritas. Sacaremos los cuadros, ¡y veremos lo que pasa!

La gran fiesta de los cuadros

A las seis en punto de la tarde, todo estaba preparado. El señor Grunt se había puesto muy elegante y caminaba por el jardín a grandes zancadas, impaciente. A un lado del jardín, bajo los rosales trepadores, había una mesa con platos de pasteles, bizcochos, galletas saladas y empanadillas. También había jarras de cristal llenas de naranjada y de limonada, y muchos cuencos con aceitunas y patatas fritas.

Max y el capitán fueron sacando uno a uno los cuadros al jardín. En cuanto la brisa soplaba sobre ellos, los retratos se desprendían del marco y empezaban a caminar por el césped tranquilamente. El último cuadro que sacaron fue el del señor Música, con el círculo rojo y las manchas de colores. Al contacto de la brisa, el círculo y las manchas también comenzaron a agitarse, mientras emitían una extraña música.

—Es su manera de hablar —explicó Max al señor Grunt—. No habla en ningún idioma humano, claro. Pero, a su modo, intenta comunicar algo.

El señor Grunt estaba maravillado. Primero se paró a hablar con el señor Normal.

—Hace buen tiempo, ¿verdad? —dijo el señor Normal—. Ideal para dar un paseo. A mí me encanta pasear por el campo. Pero tengo que tener cuidado con la humedad. Si me mojo los pies, me entra reúma, así que prefiero no andar por la hierba...

El señor Grunt encontraba todo lo que decía el señor Normal muy sensato, aunque un poco

, Me-
desintoxica
orrebrería liter
frase a frase m
a con sobriedad y
amiento y emoci
a tenido algo

aburrido. Así que, después de un rato de agradable conversación, se despidió cortésmente y fue a hablar con su segundo retrato, el que Max llamaba el señor Manchas.

—Me gusta fundirme con el paisaje —le explicó el señor Manchas, sonriendo—. Sentir las luces y las sombras en mi piel. No pensar en nada más... Solo en la hierba, y en el sol, y en la oscuridad de los árboles... ¿Me comprende?

El señor Grunt lo comprendía, desde luego. Aquel retrato suyo le caía muy bien.

—¿Quiere un poco de bizcocho de chocolate? —le preguntó.

El señor Manchas aceptó, encantado.

—¡Bizcocho de chocolate! —dijo—. Su masa oscura y esponjosa, los brillos de la mermelada de fresa, el olor del cacao... ¡Será como comerse un pedacito de oscuridad!

Estaba claro que aquel retrato sabía disfrutar de la vida sin preocuparse demasiado. El señor Grunt se acercó a felicitar a Max.

—Este señor Manchas es estupendo —le dijo—. Me va a venir muy bien hablar con él cuando esté deprimido. Muchas gracias, Max. Le estoy muy agradecido.

En ese momento se acercaron otros dos retratos del señor Grunt: el señor Fiera y el señor Exagerado. El señor Fiera reía a carcajadas mientras el otro refunfuñaba. Los dos hablaban a gritos.

—¡Esta casa es muy triste! —chillaba el señor Fiera—. ¡Yo pintaría esa pared de rojo, y esa de amarillo, y esa otra de naranja! Y los árboles... ¿Por qué no les pintamos las hojas de morado? ¡Así serán más bonitos! Señor Grunt, hágame caso: ¡pinte las hojas de los árboles de morado, y los troncos de amarillo!

—¡Qué tontería! —dijo el señor Exagerado con desprecio—. Esta casa no me gusta nada, ¡nada! Hoy me siento enfadado, ¡y esta casa no parece la casa de un hombre enfadado! Debería tener las ventanas torcidas, y las persianas negras, y grietas en las paredes... ¡Esta casa es demasiado alegre!

El señor Grunt parecía confuso.

—Mis queridos amigos, ¿en qué quedamos? Uno dice que es demasiado triste, y otro que es demasiado alegre... A mí la casa me gusta tal y como está, así que, de momento, no pienso cambiarla.

—¡Pues hace usted mal! —dijo el señor Exagerado.

—¡Muy mal! —le apoyó el señor Fiera.

Un poco molesto, el señor Grunt se alejó de aquellos dos retratos tan gritones. En un rincón del jardín descubrió a otro de sus retratos, sentado en una mecedora que flotaba en un espacio verde, rodeada de libros voladores.

—¿Está usted disfrutando de la fiesta? —le preguntó el señor Grunt.

—Las mariposas rojas de mi corazón se posan en la rosa azul de la tarde.

El señor Grunt miró al señor Sueño sin comprender.

—Perdone, ¿cómo dice? —preguntó—. Creo que no le he oído bien...

—Digo que los grillos son pequeñas trompetas doradas en medio de la oscuridad.

—Ah... Si lo que quiere decir es que pronto se hará de noche, tiene razón —dijo el señor Grunt—. Y está empezando a refrescar...

—Cae la nieve de la desilusión —dijo muy serio el señor Sueño—. Mis mariposas rojas ya no pueden volar...

—Bueno, hombre, tampoco hay que exagerar —dijo el señor Grunt, que no entendía una palabra de todo aquello—. Mañana volverá a hacer buen tiempo, estoy seguro.

Max y Lisa se acercaron entonces. Venían acompañados del señor Recortes, con su trozo de botella verde y sus recortes de periódico.

—Estaba diciéndole al señor Sueño que mañana hará buen tiempo —dijo el señor Grunt sonriente.

Uno de los ojos del señor Recortes se cerró. El otro miró al cielo, y dijo:

—En efecto, las altas presiones harán que en las próximas horas luzca el sol en todo el país. El sol es una estrella amarilla rodeada de varios pla-

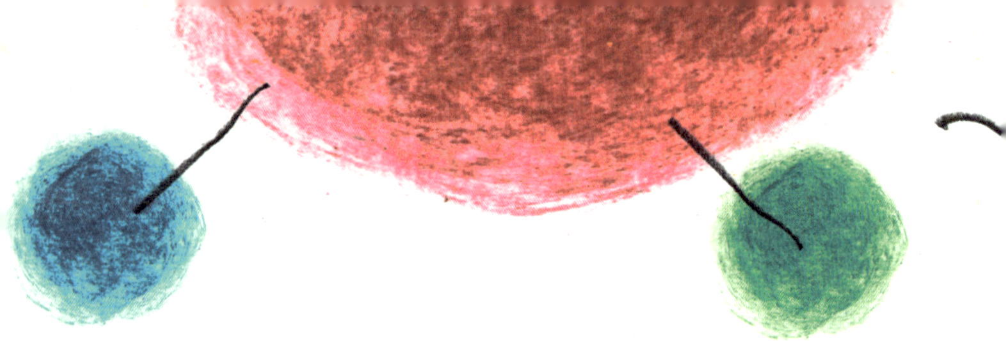

netas. En los sombreros de los magos hay estrellas amarillas... Y en el periódico hay un anuncio de sombreros. ¿Ven? Aquí pone: se hacen sombreros a medida.

El señor Recortes pasaba de un tema a otro con gran facilidad. Oírle resultaba muy entretenido, aunque, al final, el señor Grunt se sintió un poco mareado. Entonces se apartó del grupo. Max lo siguió.

—Mis retratos son muy raros —dijo el señor Grunt—. Dicen cosas extrañas, pero me divierten... ¿De verdad cree usted que se parecen a mí?

—Todos se parecen a usted, cada uno a su manera —contestó Max.

—¿Y este? —preguntó el señor Grunt señalando al señor Música—. Es el más raro de todos...

El retrato abstracto del señor Grunt se movía por el jardín envuelto en una suave música. El

círculo rojo flotaba rodeado de manchas de colores, subiendo y bajando como un globo. Era como si el círculo y las manchas estuvieran bailando.

El señor Grunt empujó el círculo con la mano y este subió muy alto, rebotó en la rama de un árbol y volvió a bajar, chocando con una mancha verde y amarilla. La música se volvió más rápida y alegre.

—Creo que este retrato mío es el que más me gusta —confesó el señor Grunt guiñándole un ojo a Max—. Su música me pone de buen humor. Me hace sentir más joven... Pero ¿qué pasa allí?

Junto a la mesa de la comida, el señor Recortes y el señor Fiera se habían enzarzado en otra pelea.

—¡Dame ese pastel! —decía el señor Fiera—. ¡Tú no quieres comértelo, solo quieres romperlo y mezclarlo con tus trozos de periódicos!

—Así las noticias se volverán más dulces —dijo tranquilamente el señor Recortes—. ¿Y tú, para qué lo quieres? Antes te vi coger un pastel y despachurrarlo contra la pared de la casa.

—¡Porque era de fresa! —explicó el señor Fiera—. Así, la pared se manchó de rojo, ¡está más bonita! Pero necesito otro pastel para despachurrarlo.

—¿Quieres un pastel despachurrado? —preguntó el señor Exagerado mezclándose en la pelea—. ¡Pues toma, aquí lo tienes!

Y le estampó una tarta de nata en plena cara al señor Fiera.

El señor Grunt se acercó, alarmado.

—¡Alto! ¡Alto! Señores, por favor, ¡un poco de tranquilidad! —gritó—. ¿No podrían intentar llevarse bien?

Pero, sin hacer caso, el señor Fiera cogió un pastel de chocolate de la mesa y se lo tiró a los ojos al señor Exagerado.

—¿No te gusta tanto la oscuridad? ¡Pues ahí tienes! —le gritó—. ¡Ahora, con la cara marrón, estás mucho más guapo!

Mientras tanto, el señor Sueño se levantó de su mecedora y se puso a flotar entre sus libros voladores.

Lo único que podía
ese chiquillo era el

—Mi pensamiento es una tarta —empezó a cantar—. Una tarta que se estrella contra la dura realidad... ¡Tralalá! ¡Tralalá!

De repente chocó con la nariz del señor Recortes. Este, enfurecido, le lanzó uno de sus ojos.

—¡Ay! —dijo el señor Sueño—. Tu mirada me golpea... ¡Es dura como una piedra!

El señor Grunt estaba cada vez más asustado.

—Pero bueno, ¿es que se han vuelto todos locos? —preguntaba—. ¡Max, por favor, haga algo!

Max, el capitán y Lisa se miraron preocupados.

—Solo hay una solución —dijo Max—. Hay que meterlos en casa. Así volverán a sus marcos y dejarán de armar jaleo.

—¡Muy bien! —dijo entonces el capitán, agarrando por el hombro al señor Recortes—. ¡Amigo mío, acompáñeme a la cocina! Le ayudaré a ponerse el ojo que se le ha caído...

El señor Recortes se dejó conducir al interior de la casa. Una vez dentro, se fue volando hasta su marco y se quedó allí pegado, sin moverse.

—¡Ahora usted, mi querido señor! —dijo el capitán, dirigiéndose al señor Sueño—. Venga conmigo, tengo un libro de poemas que le va a encantar...

Uno por uno, Max y el capitán fueron metiendo en casa todos los retratos. En cuanto dejaba de soplar sobre ellos la brisa del jardín, se quedaban pegados en sus lienzos y no volvían a moverse. Parecían pinturas normales, y no pinturas mágicas.

El último en abandonar el jardín fue el señor Manchas. No quería irse sin acercarse a oler unas violetas que había visto junto a una tapia. Pero después de oler las violetas, lograron convencerlo y también él se metió en su marco y se quedó quieto.

—¡Bueno, por fin lo hemos conseguido! —dijo Max cuando terminaron—. Lo siento, señor Grunt, no pensé que fuesen a comportarse tan mal.

—¡No se disculpe, amigo, no se disculpe! —dijo el señor Grunt muy sonriente—. La verdad es que me lo he pasado muy bien. Ha sido una lástima que empezasen a pelearse... Está claro que se llevan muy mal unos con otros.

—Bueno, lo que puede hacer es no volver a juntarlos —sugirió Lisa—. Cuando le apetezca hablar con uno de ellos, lo saca al jardín y deja dentro a los otros. Así no volverán a pelearse.

—Tienes razón, ¡qué buena idea! —dijo el señor Grunt entusiasmado—. Cuando me apetezca hablar con el señor Normal, lo sacaré al jardín. Y, cuando me canse de hablar con él, sacaré al señor Manchas... ¡Qué divertido! Ya no volveré a sentirme solo.

El señor Grunt le dio a Max dos sacos llenos de monedas de oro.

—Gracias por su trabajo, Max —le dijo—. Cuando quiera, puede venir a visitarme y a charlar un rato con sus retratos; quiero decir, con mis retratos... Y traiga con usted a Lisa y al capitán. Capitán, vendrá usted también, ¿verdad?

—Vendré, si puedo—refunfuñó el capitán—. Yo viajo mucho, y a lo mejor no puedo venir porque me encuentro en la selva o en el Polo Sur.

—¡Pues le echaremos de menos! —dijo el señor Grunt—. Claro que siempre podemos pedirle a Max que pinte su retrato, y así, será como tenerlo con nosotros.

—Muy bien, pero ¿qué tipo de retrato del capitán quiere usted que pinte? —preguntó Max muy serio—. ¿Fauvista, cubista, surrealista? O quizás abstracto...

El señor Grunt se rascó la cabeza, perplejo.

—Pues... No sé... La verdad, no tengo ni idea... ¡Qué lío!

Max se echó a reír.

—¡Solo era una broma, señor Grunt!

El señor Grunt, Lisa y el capitán también se rieron.

—¡Menos mal! —dijo el señor Grunt—. Ya solo faltaba que mis retratos empezasen a pelearse con los retratos del capitán...

El capitán sonrió.

—¡Pues yo creo que sería divertido! —contestó, guiñando un ojo—. Algún día, si queréis, podemos probar.

Ana Alonso

Las siete caras del señor Grunt

ANAYA

LAS FICHAS DE PIZCA DE SAL

Para aplicar lo aprendido

1 Observa estos dos retratos y contesta a las preguntas.

a) ¿Qué retrato te parece **más realista**, el retrato de la derecha o el de la izquierda?

b) ¿A qué **tipo de retrato** de los que aparecen en el cuento te recuerda el retrato de la izquierda? ¿Por qué?

Contenido

La figura humana

Actividades

Refuerzo: 1 y 2

2 **El retrato de la izquierda representa a una joven llamada Josette ¿Por qué crees que el artista pintó así a Josette? Subraya la respuesta correcta (puede haber más de una).**

a) Porque así le parecía más guapa que en la realidad.

b) Porque no sabía pintar de otra manera.

c) Porque quería mostrarle a la gente una manera diferente de ver las cosas.

d) Porque estaba de broma.

e) Porque quería experimentar.

Nombre: ______________________________

2 Para aprender a aprender

1 **Observa detenidamente el cuadro y contesta a las preguntas.**

a) ¿De qué está hecha **la cara** del personaje?

b) ¿De qué está hecho su **pelo?**

c) ¿De qué está hecho el **traje?**

d) **¿Qué flores puedes reconocer** en el cuadro? Nómbralas.

Contenido

Observación y análisis

Actividades

Ampliación: 1 y 3

Para realizar en equipo: 2

2 Comenta el cuadro con tus compañeros y, tras escuchar sus opiniones, contesta: **Con qué retrato del señor Grunt crees que se llevaría mejor?**

____

____

3 Dibuja en el recuadro un personaje compuesto **por juguetes o por material escolar.**

Nombre: _______________

3 Para pensar y relacionar

1 **Fíjate en este cuadro y responde:**

a) ¿Qué crees que representan **las manchas** en la silla y en el pelo y el traje del señor que hay sentado de espaldas?

b) Menciona las diferencias más claras entre la **forma de vestir** de **los personajes del cuadro** y la **manera de vestir actual.**

PIZCA DE SAL

Contenido

Observación y análisis

Actividades

Ampliación: 1, 2 y 3

2 **¿A cuál de los retratos del señor Grunt** crees que le gustaría más el cuadro anterior? ¿Por qué?

3 Explica **qué es lo que más te gusta a ti del cuadro.**

Nombre: ______________________________

4 Para investigar

1 Intenta pintar aquí un retrato de alguno de tus compañeros al **estilo del señor Fiera.**

2 **¿Le han gustado a tu compañero los colores** que has elegido o hubiese preferido otros? Anota su respuesta.

PIZCA DE SAL

Contenidos

La figura humana

El color

Actividades

Refuerzo: 1, 2, 3 y 4

3 Ahora, pinta un retrato de tu compañero al **estilo de el señor Sueño.**

4 Pregúntale a tu compañero **qué es lo que más le gusta del retrato y por qué.** Anota su respuesta:

Nombre: ______________________

5 Para estimular la creatividad

1 Mira detenidamente el **el retrato del señor Sueño** (página 37 del libro). Explica con tus palabras **en qué se diferencia este de los otros retratos** realizados por Max.

PIZCA DE SAL

Contenido

Creatividad

Actividades

Ampliación e interdisciplinar con Lengua: 1

Complementaria: 2

2 Recorta fragmentos de **fotografías de revistas, folletos o periódicos** y pégalos en el recuadro para crear una ilustración titulada **«La espera»**.

Nombre: ______________________________

6 Para aplicar lo aprendido

Contenidos

La figura humana

El color

Actividades

Ampliación: 1 y 2

1 Observa esta obra del pintor Alberto Durero, donde se retrató a sí mismo.

a) **¿Qué colores predominan** en el cuadro?

b) **¿Qué impresión** crees que **quería causar** el artista al pintarse **vestido así?**

2 **Dibuja aquí, a tu manera, el cuadro de la actividad anterior.**

Nombre: ____________________

7

Para pensar y relacionar

Contenido

La figura humana

Actividades

Refuerzo: 1

Para realizar en equipo: 2

1 Observa detenidamente este cuadro y contesta a las preguntas:

a) **¿Con cuáles de los retratos** del señor Grunt crees que **se llevaría bien?**

b) **¿Por qué?**

2 **Comenta con tus compañeros el retrato anterior. Luego, contesta a las siguientes preguntas:**

a) ¿Los colores del cuadro reflejan **los verdaderos colores** de la persona retratada?

____

b) ¿Por qué crees que el artista **eligió estos colores** y no otros?

____

c) **¿Qué rasgos** del retrato crees que **están exagerados a propósito?**

____

Nombre: ______________________________

8 Para estimular la creatividad

1 **Dibuja en un folio tres retratos de la cara de Lisa. Recórtalos y pega un retrato sobre cada uno de estos tres fondos de color.**

PIZCA DE SAL

Contenido

El color

Actividades

Refuerzo: 1, 2, 3 y 4

2 De los retratos de Lisa que has realizado, **cuál te parece más alegre,** el del **fondo amarillo,** el del **fondo azul** o el del **fondo gris?** ¿Por qué?

3 **¿Cuál de los tres te parece más triste?** ¿Por qué?

4 **¿Cuál de ellos te gusta más?** ¿Por qué?

Nombre: ______________________